DK

memo Wissen entdecken Kids

Dinosaurier

Riesen der Urzeit

DK | Penguin Random House

Eine Sonderproduktion für die
Autobahn Tank & Rast GmbH,
Andreas-Hermes-Str. 7-9
53175 Bonn

Arnulfstraße 124, D-80636 München
b2b@dk-germany.de

Ein Unternehmen der
Penguin Random House Group

Genehmigte Sonderausgabe 2020
Bereich B2B & Kooperationen
Nr. 2019-CS-038

Die Inhalte dieser Sonderausgabe wurden
zusammengestellt aus folgender Originalausgabe:
memo Kids: Dinosaurier: Riesen der Urzeit
ISBN 978-3-8310-2590-9

Herstellung und Realisation dieser Sonderausgabe:
Dorling Kindersley Verlag, Bereich B2B &
Kooperationen

Projektkoordination: Julia Sommer, Carmen Brand

Herstellungskoordination: Julia Fink
Satz: Roman Bold & Black

Druck und Bindung: Lanarepro GmbH, Italien

www.dorlingkindersley.de (B2B)

FSC www.fsc.org
MIX
Papier aus verantwortungsvollen Quellen
FSC® C016410

Inhalt

Was ist ein Dinosaurier?

Dinosaurier streiften 150 Millionen Jahre lang als gefährliche Räuber oder sanfte Pflanzenfresser über die Erde. Dann starben sie aus. Anhand von Modellen versuchen wir uns vorzustellen, wie sie aussahen.

In dem kräftigen Kiefer der Fleischfresser steckten scharfe Zähne.

Mit den Armen packten sie ihre Beute.

Eidechsenbeine

Ähnlich wie heutige Reptilien hatten auch Dinosaurier schuppige Haut, einen langen Schwanz, Zähne und Klauen. Aber ihre Beine standen gerade unter dem Körper und nicht seitlich ab.

Gefiederte Freunde

Vor 65 Millionen Jahren starben nicht alle Dinosaurier aus. Kleine gefiederte Arten haben überlebt. Von ihnen stammen die Vögel ab.

Füße von Vögeln ähneln denen einiger Saurier.

Mutterliebe

Aus dem Verhalten heutiger Reptilien schließen wir auf das der Dinos. Krokodile gab es schon im Zeitalter der Dinosaurier. Sie füttern ihre Jungen und beschützen sie. Einige Dinosaurier könnten dies auch getan haben.

Saurier-Merkmale

Auch Dinosaurier waren an ihre Lebensweise angepasst. Fleischfresser besaßen scharfe Zähne und Krallen. Einige Pflanzenfresser wurden sehr groß. Andere hatten natürliche Waffen wie Hörner.

Weißt du das?

- Dinosaurier waren die größten Landtiere aller Zeiten. Nur bestimmte Walarten (Blauwal) werden größer.
- Gleichzeitig mit den Dinos, die nicht fliegen konnten, lebten die Flugsaurier.
- Es gab Meeressaurier, die Dinosaurier selbst aber schwammen nicht im Meer.

Dinosaurierzeit

Dinosaurier lebten im Erdmittelalter, das Mesozoikum heißt, vor 248 bis 65 Millionen Jahren. Es wird unterteilt in: Trias, Jura und Kreide sowie in frühe und späte Abschnitte (zum Beispiel Unter- und Oberkreide).

Die Zeit vor 248 bis 206 Millionen Jahren heißt Trias.

Die Erde in der Trias

Zu Beginn des Mesozoikums gab es nur einen einzigen großen Kontinent: Pangäa. Diese Landmasse war von einem riesigen Ozean umgeben: Panthalassa.

Bescheidener Anfang

In der Trias lebten die ersten, noch relativ kleinen Dinosaurier. Wie die meisten frühen Saurier lief auch **Herrerasaurus** auf seinen Hinterbeinen.

Die Erde im Jura

Vor Millionen von Jahren spaltete sich Pangäa in die beiden Kontinente Gondwana und Laurasia. Auf jedem Kontinent entwickelten sich unterschiedliche Saurierarten.

Der Jura umfasst die Zeit von vor 206 bis 144 Millionen Jahren.

Land der Riesen

Im Oberjura streiften große Pflanzenfresser, sogenannte Sauropoden, durch die Nadelwälder. **Stegosaurus** weidete niedrige Pflanzen ab. Ichthyosaurier schwammen in den Meeren.

Die Kreidezeit ist die Zeit von vor 144 bis 65 Millionen Jahren.

Die Erde der Kreidezeit

Die Kontinente trieben weiter auseinander und die Erde nahm ihr jetziges Aussehen an. Die Gebirgszüge der Anden und der Rocky Mountains entstanden.

Der Höhepunkt

In der Kreidezeit herrschte große Artenvielfalt. Jetzt lebten unter anderem der pflanzenfressende **Pentaceratops** und gigantische Fleischfresser wie **Tyrannosaurus rex**.

Riesige Räuber

Tyrannosaurus rex war einer der größten fleischfressenden Dinos. Er hätte leicht in die oberen Fenster von Hochhäusern schauen können.

Klein, aber schnell

Compsognathus war nur so groß wie ein Truthahn. Seine langen Beine machten ihn zum schnellen Läufer. Er konnte flink hinter seiner Beute herjagen.

Groß und klein

Die Dinosaurier unterschieden sich in ihrer Größe sehr stark voneinander. Manche waren klein und zierlich, andere gehörten zu den größten Landtieren aller Zeiten. Die Sauropoden waren wahre Riesen.

Enorme Sauropoden

Sauropoden wie **Barosaurus** konnten die Blätter von Baumkronen fressen, die so hoch wie ein fünfstöckiges Gebäude waren. Kein Dino wagte es einen erwachsenen **Barosaurus** anzugreifen.

Wilde Jagd

Dinosaurier stellt man sich oft als schwerfällige Geschöpfe vor. Die massigen, vierbeinigen Tiere bewegten sich vermutlich langsam, aber es gab auch flinke Dinos. Die schnellsten waren wahrscheinlich die vogelähnlichen zweibeinigen Vogelnachahmerechsen.

Nur die Ruhe!

Mit ihren schweren Körpern und kurzen Beinen gehörten Sauropoden wie **Saltasaurus** sicher zu den langsamsten Dinosauriern. Vermutlich liefen sie nicht schneller als ein Mensch.

Gallimimus könnte 70 Kilometer

Auf der Überholspur

Gallimimus („Hühnernachahmer“) könnte der schnellste Dino gewesen sein. Er hatte lange Beine und einen leichten Körper.

Spuren lesen

An versteinerten Spuren kann man erkennen, ob ein Dino auf zwei oder vier Beinen lief. Die Spuren verraten auch, ob er langsam ging, trabte oder schnell rannte.

Rennechsen

Wie ein Strauß hatte auch **Gallimimus** lange Beine. Mit dem Schwanz hielt er beim Laufen das Gleichgewicht.

pro Stunde schnell gelaufen sein.

Plumps!

Wir wissen nicht, ob auch die großen Fleischfresser schnelle Läufer waren. Mit den kurzen Armen konnten sie keine Stürze abfangen. Man fand einen **Allosaurus** mit 14 gebrochenen Rippen – vielleicht fiel er bei der Verfolgung seiner Beute hin.

Weißt du das?

- Dinos in Herden hatten vermutlich scharfe Sinne.
- Hadrosaurier nennt man auch Entenschnabelsaurier.
- Wenn die Tiere Töne erzeugen konnten, waren die Herden bestimmt ganz schön laut.

Waldwanderer

Riesige Herden von Hadrosauriern wie **Corythosaurus** zogen durch die Wälder und Sümpfe der Kreidezeit. Mit ihren Hufen sanken sie nicht tief ein.

Entenschnabelsaurier speicherten in den Backen Nahrung – wie Hamster.

Dino-Herden

Manche Pflanzenfresser bildeten Herden. In der Gruppe waren sie sicherer und konnten sich gegenseitig vor Feinden warnen. Es kann sein, dass sie auch gemeinsam nach Weideplätzen suchten.

In der Menge verborgen

Es ist für Raubtiere nicht leicht, Einzeltiere aus einer Herde zu holen. Gnus wandern heute in Herden von bis zu 1 Million Tieren umher.

Manche Hadrosaurier hatten Kämme in seltsamen Formen.

Warnsignal

Der Hadrosaurier **Parasaurolophus** trug auf dem Kopf einen langen, hohlen Kamm. Man nimmt an, dass er damit trompeten konnte, um die Herde vor Gefahren zu warnen.

Verteidigung

Vielleicht verteidigten sich Herdentiere auch gemeinsam. **Triceratopse** könnten einen Kreis mit den Köpfen nach außen gebildet haben.

Weite Wanderungen

Möglicherweise legten Pflanzenfresser in der Herde weite Strecken auf der Suche nach Futter zurück. **Pachyrhinosaurus**-Herden könnten jedes Frühjahr auf der Suche nach großblättrigen Pflanzen von Kanada nach Nordalaska gewandert sein.

Nester und Junge

Wie die meisten Echsen legten auch Dinos Eier. Die Jungen entwickelten sich im Ei. Manche Arten kümmerten sich um Gelege und Junge, andere überließen die Eier sich selbst.

Eier und Nester

Sehr viele Dinosaurier legten ihre Eier in Nester. Manche Nester waren einfache Erdlöcher, andere wurden aus Schlamm gebaut. Die Eierschalen waren so zerbrechlich wie bei Vogeleiern, sodass die Jungen ohne äußere Hilfe schlüpfen konnten.

Fürsorge

Dieses **Oviraptor**-Weibchen hatte sich sterbend um ihr Nest gelegt. Es könnte so versucht haben, das Gelege zu schützen. Man nimmt an, dass es bei einem Unwetter vor 80 Millionen Jahren an nassem Sand erstickte.

Leallynasaura-**Junge könnten sich mit Lauten bemerkbar gemacht haben.**

Weißt du das?

- **Maiasaura** bedeutet „Gute-Mutter-Echse“. Diese Dinos kümmerten sich um ihre Jungen.
- Manche Dino-Eier waren winzig – und trotzdem entwickelten sich die Jungen zu wahren Riesen!

In Gruppen

Junge Familien könnten gemeinsam in großen Kolonien genistet haben, wie es heute manche Meeresvögel tun. Gruppen bieten guten Schutz. Wenn die Jungen geschlüpft waren, wurden sie von den Eltern vermutlich monatelang beschützt. Die Eltern wärmten sie und hielten Feinde fern.

In der Luft

Während die Dinosaurier über das Land streiften, flogen am Himmel die Flugsaurier. Man nimmt an, dass die größeren von ihnen überwiegend über Wasser flogen und im Flug Fische fingen. Die kleineren könnten nach Insekten geschnappt haben.

Flugriese

Eines der größten fliegenden Tiere aller Zeiten war **Quetzalcoatlus**. Er könnte so viel wie ein Mensch gewogen haben. Der Flugsaurier der späten Kreidezeit konnte sich nur in der Luft halten, weil seine Flügel die Spannweite eines kleinen Flugzeugs hatten.

Im Gleitflug

Einmal im Gleitflug über den Meeren der späten Kreidezeit, musste **Pteranodon** nicht mehr mit den Flügeln schlagen.

Fledermausflügel

Die Flughäute der Flugsaurier waren wie die heutiger Fledermäuse an Beinen und Fingern angewachsen. Diese Saurier hatten ein wärmendes Fell.

Vogelfrei

Dimorphodon schlug im Flug mit den Flügeln. Er könnte tief über den Meeren des Juras geflogen sein und wie Papageitaucher nach Fischen getaucht haben.

Warmer Pelz

Als Schutz vor Auskühlung hatte **Sordes**, ein Flugsaurier des Oberjuras, am Körper ein dichtes Fell. Normalerweise haben Reptilien Schuppen und nicht ein Fell wie Säugetiere.

Weißt du das?

- Der erste uns bekannte Vogel war **Archaeopteryx**. Er hatte Federn und Flügel, aber die Zähne und den langen Schwanz einer Echse.
- Die Jungen des Vogels Hoatzin haben an den Flügeln Krallen, mit denen sie klettern – wie es **Archaeopteryx** tat.
- Auch **Velociraptor** hatte höchstwahrscheinlich Federn.

Unter Wasser

Als die Dinosaurier lebten, war es auf der Erde viel wärmer und in den Meeren gab es keine Eisberge. Die Dinos selbst lebten nicht unter Wasser, doch andere seltsame Reptilien bevölkerten die Meere.

Weißt du das?

- In den Meeren der Urzeit lebten auch Tiere, die es heute noch gibt – Fische, Krebse, Quallen, Schnecken, Meeresschildkröten und Krokodile.
- Die urzeitlichen Meeresreptilien kamen zum Atmen an die Wasseroberfläche.

Flotte Schwimmer

Ichthyosaurus bedeutet „Fischechse“. Seine Rückenflosse hatte die gleiche Form wie die von Delfinen. Er schwamm mit seitlichen Schwanzbewegungen wie ein Hai. Die Weibchen gebaren unter Wasser weit entwickelte Junge.

Jäger der Tiefe

Liopleurodon besaß einen langen kräftigen Kiefer, mit dem er unter Wasser seine Beute packte.

Der Hals von **Elasmosaurus** war unglaubliche 7 Meter lang!

Urzeitliche Wesen

Haie gibt es seit Millionen von Jahren. Sie schwammen vor, während und nach der Zeit der Dinosaurier durch die Meere und Ozeane.

Seeungeheuer

Elasmosaurus besaß zwei Paar Flossen. Er setzte sie unter Wasser so ein wie heute ein Vogel seine Flügel. Die Weibchen kamen vermutlich zur Eiablage an Land, wo sie Gefahr liefen, von Dinos angegriffen zu werden.

„Nessie“, das Monster von Loch Ness

Immer wieder behaupten Leute, im schottischen See Loch Ness ein Ungeheuer gesehen zu haben. „Nessie“ soll so ähnlich wie **Elasmosaurus** aussehen. Dieser Saurier müsste mit den Dinos ausgestorben sein. Doch wer weiß, was sich in der Tiefe von Loch Ness verbirgt?

Der Tod der Dinosaurier

Vor 75 Millionen Jahren lebten auf der Erde Hunderte Dinosaurierarten. Nur 10 Millionen Jahre später starben fast alle ihre Nachkommen aus. Wir wissen nicht sicher, was damals geschah.

Großes Loch

Ein gewaltiger Krater im Golf von Mexiko entstand durch einen riesigen Meteoriten, der die Erde vor 65 Millionen Jahren traf – zur gleichen Zeit, als die Dinosaurier ausstarben. Der Aufprall veränderte die Erdatmosphäre entscheidend, was zum Tod der Dinos geführt haben könnte.

Der Meteorit schlug enorm schnell ein!

Tödlicher Schlag

Der Meteorit hinterließ einen großen Krater auf der Erde. Gewaltige Staubwolken verdunkelten die Sonne. Die Pflanzen hatten kein Licht mehr und gingen ein.

Weißt du das?

- Unsere Vögel stammen von kleineren Dinos ab.
- Das Sterben der Dinosaurier nach dem Einschlag des Meteoriten könnte Folge der Klimaveränderung gewesen sein.

Als dieser Dinosaurier starb, verschwand er bald unter Schichten von Sand und Schlamm.

Mit der Zeit werden Sand und Schlamm zu Fels. Im Lauf der Jahrmillionen versteinern die Knochen.

Zähe Überlebende

Einige Arten überlebten die Veränderungen in der Atmosphäre. Skorpione, Schildkröten, Vögel und Insekten waren unter denen, die sich anpassen konnten.

Wind und Regen tragen den Fels ab. Forscher finden die Saurierknochen und bergen sie.

Über einen langen Zeitraum hinweg erfolgen Erdbewegungen und drücken das Skelett wieder nach oben.

Seltene Funde

Fossilien sind die Überreste von Lebewesen, die schon lange tot sind. Fossile Saurier findet man nur selten. Meist sind sie in Gesteinsschichten verborgen, die sich am Grund von Sümpfen, Seen und Flüssen bildeten.

Verborgene Knochen

Es erfordert viel Fingerspitzengefühl, Saurierknochen auszugraben. Fachleute schlagen vorsichtig kleine Felssplitter ab, um Knochen freizulegen, die über Millionen von Jahren verschüttet waren.

Weißt du das?

- Paläontologen erforschen Dinos und fossile Pflanzen- und Tierreste.
- Fossile Pflanzenteile sagen einiges über die Landschaft der Urzeit aus.
- Fossiler Kot verrät, was Dinos fraßen.

Dinosaurier ausgraben

Fossile Saurierknochen können in alten Gesteinsschichten verborgen liegen. Paläontologen sind so etwas wie Dino-Detektive: Sie suchen nach Fossilien. Manchmal finden sie versteinerte Knochen, Zähne und Abdrücke. Am interessantesten sind natürlich ganze Skelette.

Gipsverband

Paläontologen ummanteln die Knochen mit Bandagen und flüssigem Gips. Wenn der Gips hart geworden ist, bildet er eine feste Hülle um den Knochen, wie ein Gipsverband um ein gebrochenes Bein.

Säubern

Im Museum entfernt man den Gips von den Knochen, oder Gestein, das die Fossilien umschließt. Das Säubern ist Sache von Fachleuten.

Urzeit-Puzzle

Ein urzeitliches Skelett aus einem Haufen Knochen zusammenzubauen ist ganz schön schwierig – wie ein kniffliges Puzzle.

Paläontologen setzen das Skelett eines *Pliosaurus* **zusammen.**

Register

Dank und Bildnachweis

Der Verlag dankt den folgenden Personen und Institutionen für die freundliche Genehmigung zum Abdruck von Fotos:

(Abkürzungen: o = oben, m = Mitte, u = unten, l = links, r = rechts, g = ganz, Hg = Hintergrund)

American Museum Of Natural History: D Finnin 14gor; Bruce Coleman Ltd: Bruce Coleman Inc 10–11; Gerald S Cubitt 1gom; Gordon Langsbury 4gol, 5gol; Jules Cowan 6gol; Pacific Stock 18um; Tore Hagman 2gol, 3gor; Getty Images: Stone 8–9; Darryl Torckler 19; Natural History Museum: 11gol; Kevin Schafer 1m; Martin Wendler 4ul, 5ul; Oxford Scientific Films: 13gor; Mark Deeble und Victoria Stone 4ul; Planet Earth Pictures: M & C Denis Huot 13mlo; Science Photo Library: Francois Gohier 21gol; Jim Amos 22; Julian Baum 20gor; Peter Menzel 23m; Philippe Plailly 23gor, 23mlo; Photo Library International/ESA/SPL 20ul; Woodfall Wild Images: A Leemann 6um; Alan Watson 12; Heinrich van den Berg 11gor.

Cover: Dreamstime.com: Boborsillo (T. rex); Nataliya Hora (Hg); AdobeStock: martialred (gor, Figur mit Buch).

Die Dinosaurier

Die Dinosaurier lebten im Mesozoikum (Erdmittelalter) vor 252 bis 65 Millionen Jahren. Dieses Erdzeitalter unterteilt man in die Perioden Trias, Jura und Kreide. Zum Ende der Kreide vor etwa 65 Millionen Jahren starben die Dinosaurier aus. Die ersten Hominiden (Menschenaffen und Menschen) entwickelten sich vor ungefähr 4 Millionen Jahren.

Eoraptor

Die ersten Dinosaurier

Die Dinosaurier entwickelten sich in der Trias. Die ersten Dinosaurier, wie *Eoraptor,* waren kleine Tiere, die auf zwei Beinen liefen.

Riesen des Juras

Im Jura entwickelten sich die Dinosaurier weiter und wurden die vorherrschenden Tiere an Land. Einige wurden riesengroß, wie die Sauropoden. Andere, wie der Theropode *Archaeopteryx*, erhoben sich in die Lüfte.

***Mamenchisaurus*, ein Sauropode**

Die Primaten

Das Erdzeitalter nach dem Mesozoikum nennt man Känozoikum. In der ersten Periode, dem Paläogen, entwickelten sich die Primaten. Unter ihnen waren die Vorfahren der Menschen.

Erste Menschen

Viele moderne Säugetiere wie Pferde, Kamele und Kühe entwickelten sich im Neogen. Die Vorfahren der Menschen (Hominiden) stammen aus Afrika und breiteten sich auf der ganzen Erde aus.

Eosimias, ein früher Primat

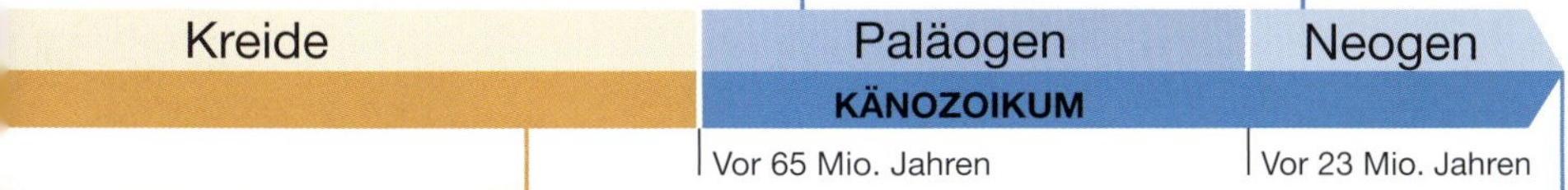

Heute

Wir leben im Quartär. Diese Periode begann vor 2,6 Mio. Jahren und dauert bis heute an.

Die Dinosaurier sterben aus

In der Kreide entwickelten sich neue Dinosauriertypen wie die Ceratopsier und Ankylosaurier. Vor etwa 65 Mio. Jahren schlug ein Meteorit auf der Erde ein. Die Dinosaurier starben aus und das Mesozoikum ging zu Ende.

Die Trias

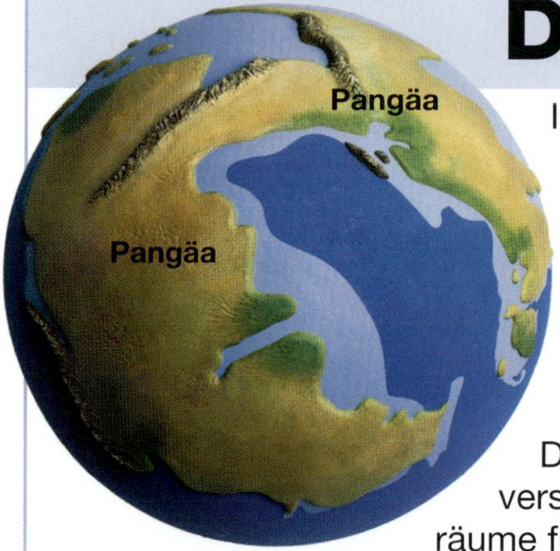

In der Periode der Trias vor 252 bis 200 Millionen Jahren waren alle Kontinente der Erde miteinander zu einer einzigen riesigen Landmasse namens Pangäa verbunden. Vor Beginn der Trias hatte es ein Massenaussterben gegeben. Die meisten Landtiere waren verschwunden. Die Lebensräume füllten sich allmählich wieder mit Reptilien. Unter ihnen waren die ersten Dinosaurier. Auch die Säugetiere entwickelten sich in dieser Zeit.

Pleuromeia

Die Erde verändert sich

In der Trias bedeckten Wüsten die Erde. Die meisten Pflanzen wuchsen in Küstennähe und in Flusstälern, denn hier war der Boden feucht. Damals gab es Farne und baumähnliche Pflanzen wie *Pleuromeia*.

Farnwedel

Frühe Flieger

Einige Reptilien erhoben sich in der Trias zum ersten Mal in die Luft. Es waren die Flugsaurier, die nah mit den Dinosauriern verwandt waren.

***Eudimorphodon*, ein früher Flugsaurier**

Pflanzenfresser

Zu den großen Tieren, die an Land lebten, gehörten die Rhynchosaurier, eine Gruppe pflanzenfressender Reptilien.

***Hyperodapedon*, ein Rhynchosaurier**

Dinosaurier

Die ersten Dinosaurier, unter ihnen *Coelophysis*, erschienen vor etwa 230 Mio. Jahren in der Trias. Die meisten Dinos dieser Zeit waren klein, ungefähr so groß wie ein Mensch. Andere Reptiliengruppen waren damals in der Überzahl.

Coelophysis

Der Jura

Die Periode des Juras begann vor etwa 200 Millionen Jahren. Vor 175 Millionen Jahren brach Pangäa allmählich in zwei große Kontinente auseinander: Laurasien und Gondwana. Wissenschaftler glauben, dass ein Massenaussterben zu Beginn des Juras die meisten Reptiliengruppen der Trias auslöschte. Die Dinosaurier überlebten. Weil sie nicht mehr so viele Nahrungskonkurrenten hatten, konnten sie sich besonders gut entwickeln.

Giganten der Meere

Im Mesozoikum lebten riesige Reptilien in den Meeren. Im Jura gab es viele delfinähnliche Ichthyosaurier und echsenähnliche Plesiosaurier.

***Ichthyosaurus*, ein Ichthyosaurier**

Williamsonia

Neue Landschaften

Die Wüsten auf der Erde verwandelten sich allmählich in üppige Wälder. Die Pflanzen hatten sich bereits in der Trias entwickelt. Unter ihnen waren Nadelbäume wie Araukarien (diese Pflanzen gibt es noch heute) und *Williamsonia*, kleine Bäume mit palmwedelartigen Blättern.

Blätter einer Araukarie

Pterodactylus

Drachen der Lüfte

Die Flugsaurier der Trias entwickelten sich zu besseren Fliegern. Einer von ihnen war *Pterodactylus*. Mit längeren Flügeln und einem kürzeren Schwanz war er in der Luft wendiger.

Zeitalter der Riesen

Die Sauropoden waren die größten Lebewesen, die je an Land gelebt haben. Einige wurden bis zu 18 m hoch. Diese Giganten zogen in Herden durch die Wälder. Sie waren die Beute von riesigen Raubsauriern aus der Gruppe der Theropoden.

***Brachiosaurus*, ein Sauropode**

Die Kreide

In der Kreide vor 145 bis 65 Millionen Jahren veränderte sich viel: Die Kontinente Laurasien und Gondwana brachen auseinander. Die Erde sah langsam so ähnlich aus wie heute. Die Zahl der Sauropoden ging zurück, aber andere Pflanzenfresser, wie die Entenschnabelsaurier und Ceratopsier, verbreiteten sich. In dieser Periode tauchten auch die Blütenpflanzen auf.

Die Pflanzen werden bunter

In der frühen Kreide bedeckten üppige Wälder mit Nadelbäumen und Farnen einen großen Teil des Festlands. Eine Pflanze dieser Zeit war der Baumfarn *Tempskya*. Er hatte keinen richtigen Stamm, sondern viele aufrecht wachsende, verflochtene Triebe. Das Aussehen der Landschaften veränderte sich, als die Blütenpflanzen mit ihren bunten Blüten entstanden.

Magnolienblüte

Tempskya

Liaoxiornis, ein Vogel der Kreide

Gefiederte Flieger

Die ersten Vögel hatten sich im Jura entwickelt. In der Kreide gab es aber noch viel mehr Arten. Einige besaßen einen zahnlosen Schnabel und waren den heute lebenden Vögeln bereits recht ähnlich.

Mosasaurus, ein Mosasaurier

Lauerjäger

In der Kreide beherrschten riesige Räuber die Meere: die Mosasaurier. Mit ihrem kräftigen Schwanz konnten sie gut schwimmen. Diese Riesen lauerten ihrer Beute auf und packten sie dann plötzlich.

Zalambdalestes

Kleine Allesfresser

Auch Säugetiere gab es bereits im Zeitalter der Dinosaurier. Sie waren klein und fraßen Pflanzen, kleine Tiere und Eier.

Pflanzenfresser

Ceratopsier und Hadrosaurier, wie *Maiasaura*, waren in der Kreide weit verbreitet. *Triceratops* war ein großer Ceratopsier. Diese Tiere lebten in Herden und verspeisten wahrscheinlich Blütenpflanzen.

Triceratops

Vorfahren der Dinos

Die Vorfahren der Dinosaurier wie aller anderen Wirbeltiere an Land waren Fische. Bei einigen Fischen bildeten sich die Flossen zu Beinen um, mit denen die Tiere auf dem Festland laufen konnten. Mit Lungen atmeten sie Luft. Eine Gruppe entwickelte sich zu den Reptilien. Eine der vielen Reptiliengruppen waren die Dinosaurier.

Panderichthys

Fleischflosser

Die Fleischflosser, wie *Panderichthys*, sind die Vorfahren aller Wirbeltiere, die auf vier Beinen laufen. In ihren Flossen befanden sich die gleichen Knochen, die auch unsere Arme und Beine stützen.

Erste Schritte

Einer der ersten Tetrapoden war *Acanthostega*. Das Tier hatte einen Fischschwanz, mit dem es sich im Wasser fortbewegte. Mit seinen vier Beinen konnte es laufen.

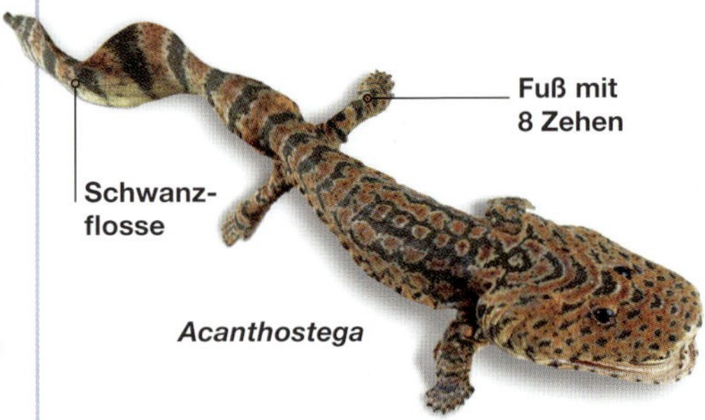

Acanthostega

Neuartige Eier

Die frühen Tetrapoden legten ihre Eier im Wasser ab. Im Lauf der Zeit entwickelten einige, wie *Westlothiana*, neuartige Eier mit einer festen Schale. Sie konnten diese Eier an Land ablegen, denn sie trockneten nicht aus. Aus diesen Tieren entstanden die Reptilien und die Säugetiere.

Westlothiana

Parasuchus

Verwandte der Dinos

Die Dinosaurier gehörten zur Reptiliengruppe der Archosaurier. Auch die heute lebenden Krokodile sind Archosaurier. Sie entwickelten sich aus frühen Archosauriern wie *Parasuchus*. Diese Tiere liefen auf seitlich vom Körper abgespreizten Beinen.

Auf den Hinterbeinen

Später entwickelten sich Archosaurier, deren Beine senkrecht unter dem Körper standen und nicht seitlich abgespreizt waren wie bei Krokodilen. So konnten sie schneller laufen. Viele Forscher glauben, dass sich die Dinosaurier aus solchen aufrecht laufenden Archosauriern entwickelt haben.

***Postosuchus*, ein späterer Archosaurier**

Dinosauriertypen

Während des Mesozoikums entwickelten sich über 1000 Dinosaurierarten. Riesige Sauropoden weideten in den Blättern der Baumkronen. Theropodenrudel hetzten ihre Beute und zerrissen sie mit scharfen Zähnen und Krallen. Einige Dinosaurier waren gepanzert, andere trugen Hörner oder Stacheln zum Schutz.

Gigantisch!

Einige Dinosaurier waren die größten Tiere, die je auf der Erde gelebt haben, aber niemand weiß genau, warum sie so riesig wurden. Ein Grund ist vermutlich, dass Raubsaurier solche Riesen kaum überwältigen konnten.

Barosaurus, ein bis 28 m langer Sauropode

Muttaburrasaurus, ein bis 8 m langer Ornithopode

Ankylosaurus, ein 6 m langer Ankylosaurier

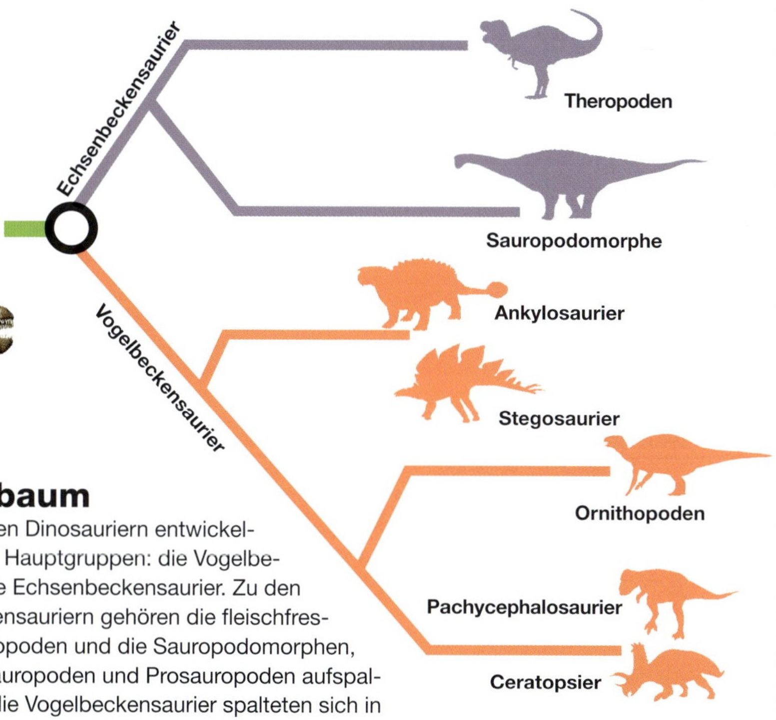

Stammbaum

Aus den ersten Dinosauriern entwickelten sich zwei Hauptgruppen: die Vogelbecken- und die Echsenbeckensaurier. Zu den Echsenbeckensauriern gehören die fleischfressenden Theropoden und die Sauropodomorphen, die sich in Sauropoden und Prosauropoden aufspalteten. Auch die Vogelbeckensaurier spalteten sich in verschiedene Gruppen auf. Zuerst entwickelten sich gepanzerte Ankylosaurier und Stegosaurier, später Ornithopoden, Ceratopsier und Pachycephalosaurier.

Styracosaurus, ein 5,2 m langer Ceratopsier

Alxasaurus, ein 4 m langer Theropode

Ein 1,8 m großer Mensch

Vom Dino zum Vogel

Wir wissen heute, dass sich die Vögel aus den Theropoden entwickelt haben. Die heute lebenden Vögel haben einen kurzen Schwanz und ein großes Brustbein, an dem kräftige Flugmuskeln ansetzen. Ihre Vorfahren hatten diese Merkmale noch nicht. Es dauerte Millionen von Jahren, bis sie sich so entwickelten.

Fossil mit Federn

Als man im Jahr 1996 ein Fossil von *Sinosauropteryx* entdeckte, war das eine Sensation. Es war mit einem Flaum bedeckt, der einem Federkleid ähnelte. Die Forscher begriffen, dass sich die Federn vor dem Flug entwickelt hatten.

Ein Fossil von *Sinornithosaurus*

Das Federkleid

Die ersten Federn dienten nicht zum Fliegen. Sie wärmten den Körper oder wurden bei der Balz eingesetzt. Das zeigen die Spuren von verschiedenen Federn an gut erhaltenen *Sinornithosaurus*-Fossilien.

Kleiner Flieger

Microraptor, einer der kleinsten Dinosaurier, war nur wenig größer als eine Taube. Seine asymmetrischen Federn an Armen und Beinen verschafften ihm Auftrieb. So konnte er von Baum zu Baum gleiten.

Früher Vogel

Archaeopteryx galt lange Zeit als der erste echte Vogel. Er ist einer der ältesten bekannten Theropoden, die richtig fliegen konnten. Mit seinen asymmetrischen Schwungfedern konnte er auch gleiten. Der Dinosaurier aus dem Jura hatte noch einen langen Reptilienschwanz und Krallen an den Flügeln.

Moderner Vogel

Iberomesornis lebte in der Kreide und war etwa so groß wie ein Fink. Er war ein Vorfahre der modernen Vögel. Wie diese hatte er einen kurzen Schwanz mit Federn und ein vergrößertes Brustbein, aber noch keine sehr kräftigen Flugmuskeln.

EVOLUTION DER FEDERN

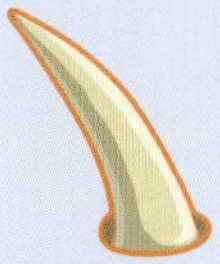

Die ersten Federn waren hohle Filamente.

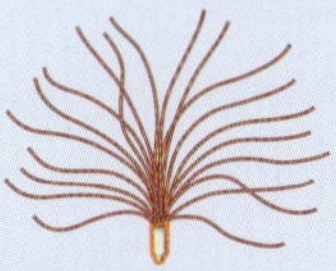

Aus ihnen entwickelten sich an der Basis verbundene Federstrahlen.

Dann entwickelten sich Strahlen, die an einer Achse standen.

Asymmetrische Schwungfedern verschafften Auftrieb.

Die Dinos sterben aus

Die Dinosaurier beherrschten die Erde über 160 Millionen Jahre lang. Dann, vor etwa 65 Millionen Jahren, starben sie und viele andere Tierarten aus. Es gibt verschiedene Theorien, warum dieses Massenaussterben stattfand. Am wahrscheinlichsten ist, dass ein riesiger Meteorit auf der Erde einschlug. Zur selben Zeit brachen große Vulkane aus. Daraufhin änderte sich das Klima: Es wurde viel kälter.

Der Tod kam vom Himmel

Wissenschaftler haben herausgefunden, dass vor 65 Mio. Jahren ein Meteorit mit 10 km Durchmesser auf der Erde einschlug. Beim Einschlag wurden enorme Staubmengen aufgewirbelt, die das Sonnenlicht abschirmten. Deshalb wurde es auf der Erde immerkälter. Die meisten Lebewesen starben aus. Zur gleichen Zeit brachen viele Vulkane aus. Sie entließen Asche und giftige Gase in die Atmosphäre, die zum Aussterben der Lebewesen beitrugen.

HINWEISE AUF NATURKATASTROPHEN

Meteoriteneinschlag Der Chicxulub-Krater auf der Halbinsel Yucatán (Mexiko) ist bei einem Meteoriteneinschlag vor 65 Mio. Jahren entstanden. Diese Illustration zeigt, wie der Einschlagkrater vom Weltall aus ausgesehen haben könnte. Der Krater wurde um 1990 entdeckt und hat über 180 km Durchmesser.

Vulkanausbrüche Hier ist das Hochland von Dekkan in Indien zu sehen. Es ist aus flüssiger Lava entstanden und gehört zu den größten vulkanischen Landschaften der Erde. Vor 80–60 Mio. Jahren brachen viele Vulkane immer wieder aus. Wissenschaftler schätzen, dass die Lava ein Gebiet von 1,5 Mio. km^2 bedeckte – die Hälfte der Fläche des heutigen Indiens.

Das Säugetier *Phenacodus* lebte im Paläogen.

Überlebt!

Vögel und kleine Säugetiere überlebten das Massenaussterben zum Ende der Kreidezeit. Weil die Theropoden ausstarben, gab es keine großen Räuber mehr. So konnten sich die Säugetiere weiterentwickeln, wurden größer und breiteten sich schließlich auf der ganzen Erde aus.

Wie Fossilien entstehen

Fast alles, was wir über Dinosaurier wissen, haben uns Fossilien verraten. Fossilien sind die Überreste von Pflanzen und Tieren oder deren Spuren, die sich über Millionen von Jahren in Gestein verwandelt haben. Das Gestein bildet sich meist aus mineralienreichem Wasser, das in Hohlräume in Knochen, Schalen oder Baumstämme sickert.

Versteinerung

Bestimmte Umstände müssen gegeben sein, damit ein Tierkörper versteinert. Zunächst muss das tote Tier schnell verschüttet werden, etwa von Sand, den der Wind verweht, oder von Schlamm, den ein Fluss herbeispült. Es dauert Millionen Jahre, bis sich das Skelett in Stein verwandelt.

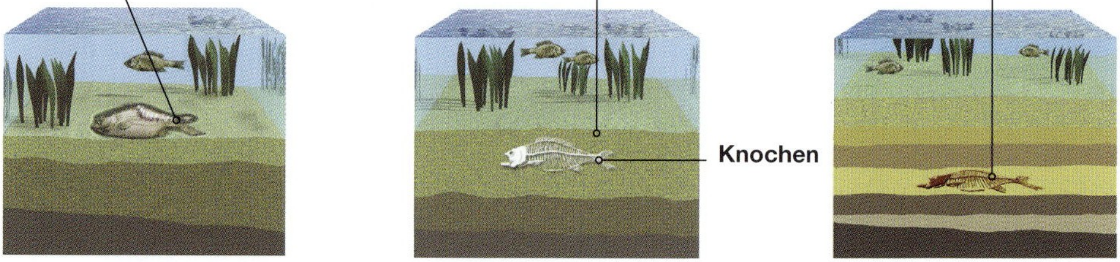

1. **Ein toter Fisch** sinkt auf den Grund eines Gewässers. Die weichen Teile verwesen oder werden gefressen.

2. **Mineralien** im Wasser sickern in kleine Hohlräume im Knochen und kristallisieren aus.

3. **Im Lauf der Zeit** verwandeln sich die Mineralien bei Hitze und Druck in Gestein.

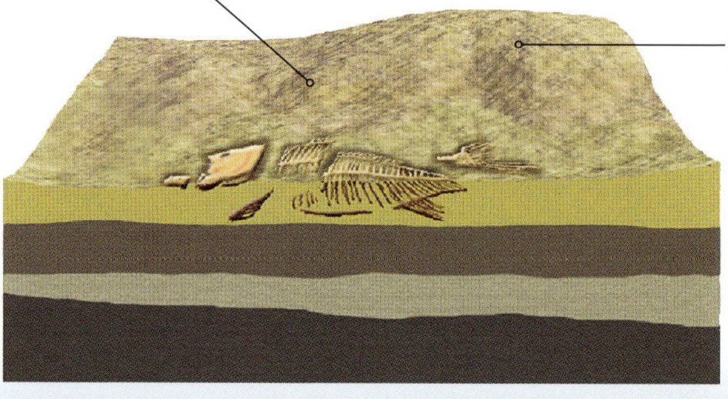

4. **Über Millionen Jahre** werden die Gesteinsschichten abgetragen, sodass das Skelett auf der Erdoberfläche erscheint, wo man es finden kann.

Mineralien kristallisieren aus

Ammoniten waren Verwandte der Tintenfische, die ein spiralig gewundenes Gehäuse besaßen. Sie lebten zur Zeit der Dinosaurier in den Ozeanen. Die Hohlräume dieses Ammonitengehäuses haben sich mit Mineralien gefüllt. Die Schale selbst hat sich in ein dunkleres Mineral verwandelt.

Weiche Körperteile

Meistens versteinern nur die harten Körperteile, wie Schalen und Knochen. Die weichen Teile werden von anderen Tieren gefressen oder verwesen. In seltenen Fällen, wenn das Tier sehr schnell verschüttet wurde, sind Haut und andere weiche Gewebe versteinert.

***Xiphactinus*, ein urzeitlicher Fisch, dessen Haut versteinert ist**

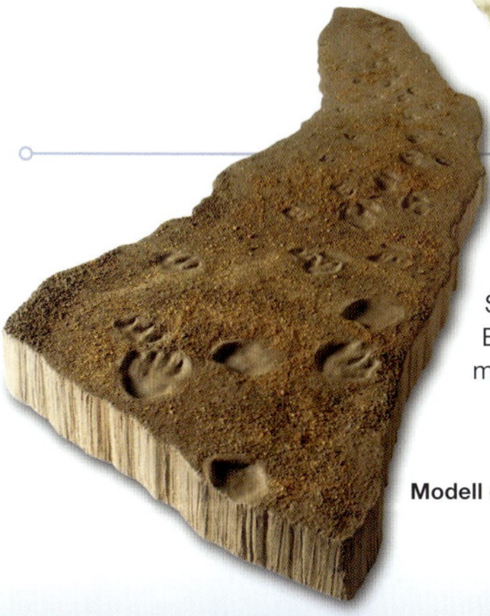

Spurenfossilien

Fossilien sind nicht immer die Überreste von Tieren und Pflanzen. Es kann sich auch um Spuren handeln, die sie hinterlassen haben, wie Eier, Kot und Fußabdrücke. Diese Fossilien nennt man Spurenfossilien.

Modell der Spuren von *Allosaurus* und *Apatosaurus*

Rekonstruktionen

Bevor Experten einen Dinosaurier rekonstruieren, müssen sie gründlich forschen. Nachdem die Fossilien freigelegt worden sind, vergleicht man sie mit den Skeletten moderner Reptilien. Die Wissenschaftler versuchen herauszufinden, wie die Knochen des Skeletts miteinander und mit den Muskeln verbunden waren.

Der Aufbau des Skeletts

Wenn Experten ein Dinosaurierskelett aufbauen, müssen sie wissen, wie die Knochen miteinander verbunden waren und wie die Körperhaltung des Tiers war. Manchmal wird die Haltung verändert, nachdem man etwas Neues herausgefunden hat. Früher glaubte man beispielsweise, dass Sauropoden ihren Schwanz am Boden hinter sich her schleiften. Heute wissen wir, dass sie sie waagerecht erhoben hielten.

Ein Dino erwacht zum Leben

Im Computer kann man dreidimensionale Modelle erstellen, die sich bewegen. So ist auch das Bild von *Corythosaurus* entstanden.

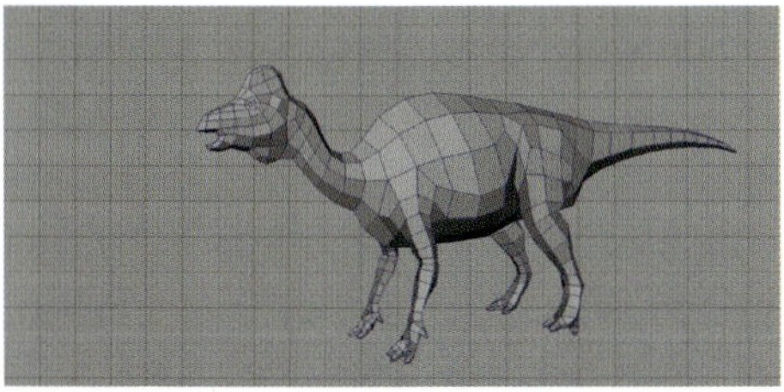

1. Wissenschaftler und Programmierer untersuchen die Dinosaurierknochen und erstellen ein Computermodell aus geometrischen Formen. Man nennt es Drahtgittermodell.

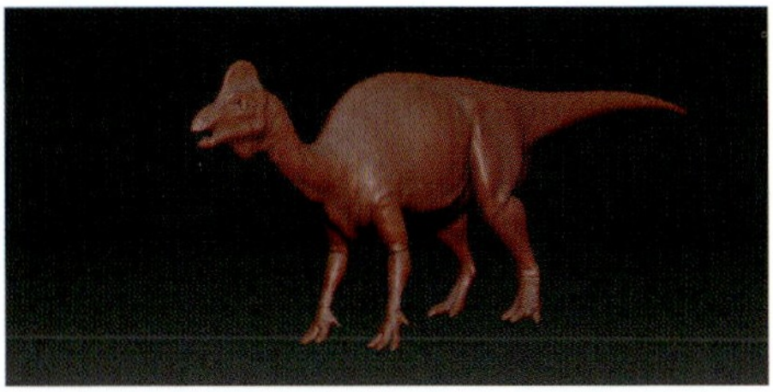

2. Ein Programm unterteilt die geometrischen Formen in Millionen kleinerer Einheiten. Ein Künstler kann dann jede Einheit formen und den Dinosaurierkörper genauer gestalten.

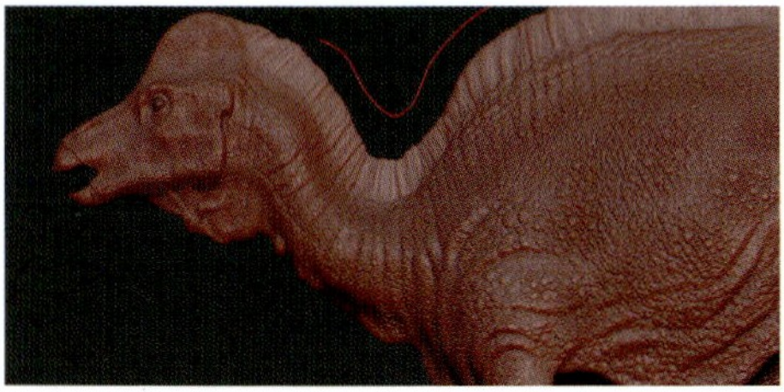

3. Neue wissenschaftliche Erkenntnisse, wie z. B. die Größe und Form des Kamms, werden beachtet. Das Modell soll so lebensecht wie möglich werden.

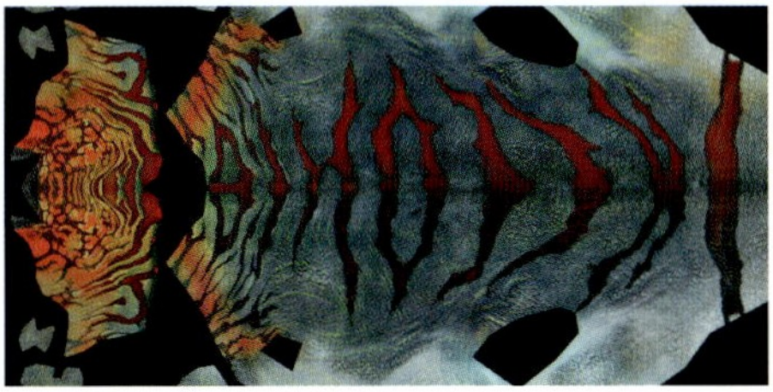

4. Wenn man dem Dinosaurier Farben verleiht, braucht man Kreativität und Fachwissen. In versteinerter Dinosaurierhaut sind manchmal Farbpigmente enthalten. Experten können so herausfinden, wie das Tier gefärbt war.

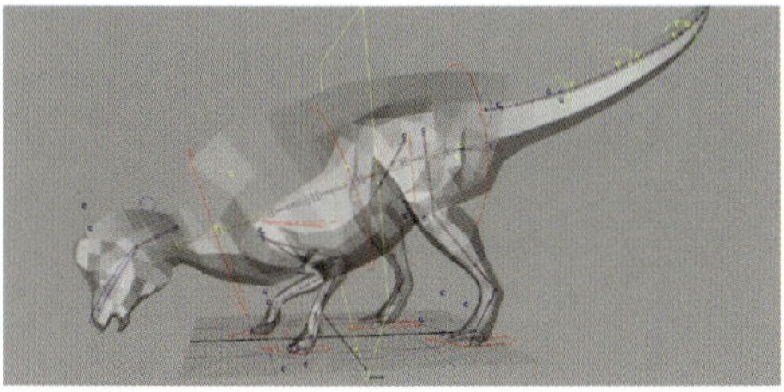

5. Ein Programmierer mit Anatomiekenntnissen programmiert, wie sich die verschiedenen Teile des Körpers wahrscheinlich bewegt haben.

6. Wissenschaftler sagen dem Künstler, in welcher Umgebung die Dinosaurier gelebt haben. Nun kann er einen realistischen Hintergrund für die Tiere schaffen.

Register

Dank und Bildnachweis

Der Verlag dankt folgenden Personen und Institutionen für die freundliche Genehmigung zum Abdruck von Fotos:

(Abkürzungen: o = oben, m = Mitte, u = unten, l = links, r = rechts, g = ganz, Hg = Hintergrund)

1 Dorling Kindersley: Peter Minister, digitale Rekonstruktionen (m). 2–3 Dorling Kindersley: Jon Hughes (m). 4–5 Science Photo Library: Mark Garlick (um). 4 Dorling Kindersley: Jon Hughes (r). 5 Getty Images: Dan Kitwood (gor). 6 Dorling Kindersley: Andy Crawford/David Donkin – Modellbauer (gol). 7 Dorling Kindersley: Jon Hughes (mo); Peter Minister, digitale Rekonstruktionen (ur). 8 Dorling Kindersley: Andy Crawford/David Donkin – Modellbauer (ol). 9 Dorling Kindersley: Andrew Kerr (u); Peter Minister, digitale Rekonstruktionen (gol). Getty Images: Siri Stafford/ Riser (u/Hg). 10 Dorling Kindersley: Andy Crawford/ David Donkin – Modellbauer (gol). 11 Corbis: Inspirestock (ur/Hg). Dorling Kindersley: Peter Minister, digitale Rekonstruktionen (ur). 12 Dorling Kindersley: Natural History Museum, London (u); The Oxford University Museum of Natural History (mr). 14 Dorling Kindersley: Peter Minister, digitale Rekonstruktionen (ul). 15 Dorling Kindersley: Tim Ridley/Robert L. Braun – Modellbauer (ul). 16 Corbis: Grant Delin/ Outline Gallery (um). Reuters: Mike Segar (r). 17 Dorling Kindersley: Peter Minister, digitale Rekonstruktionen (mr). Science Photo Library: Christian Darkin (gol). 18 Science Photo Library: Mark Garlick (u). 19 Alamy Images: Yogesh More/ephotocorp (ml). Dorling Kindersley: Bedrock Studios/Jon Huges (ur). Science Photo Library: D. van Ravenswaay (gol). 21 Dorling Kindersley: James Stevenson/ Donks Models – Modellbauer (ul). 22 Corbis: Louie Psihoyos/Terra.

Cover: Dorling Kindersley: The American Museum of Natural History (mlu), Graham High, Centaur Studios – Modellbauer (gol, mr)/Brachiosaurus, (um), Jon Hughes (gor, ml)/Argentinosaurus, (ul)/Velociraptor, Jon Hughes/Bedrock Studios (gogr, gol)/Scutosaurus, (mlo),Graham High – Modellbauer (gol)/Pentaceratops, Jonathan Hately – Modellbauer (mro)/Baryonyx, Robert L. Braun – Modellbauer (om, mro)/Dilophosaurus, (mru)/Carnotaurus, (ur), Centaur Studios – Modellbauer (m)/Triceratops, Leicester Museum (mlu)/Tuojiangosaurus, Natural History Museum, London (mru)/ Archaeopteryx, (ul)/Psittacosaurus, (ur)/Triceratops, Peter Minister, digitale Rekonstruktionen (ul)/Deinonychus, (m), Tim Ridley/ Robert L. Braun – Modellbauer (ul)/Styracosaurus, Royal Tyrrell Museum of Palaeontology, Alberta, Kanada (gor)/Skelett, (mr, mru); AdobeStock: martialred(gor)/Figur mit Buch

Weitere Informationen unter: www.dkimages.com